Las crónicas de Christian Grace

Christian Grace

Por Terence y Eardie Houston

Ilustrado por Laura Acosta

Editado por Megan Louw

TDR Brands Publishing

Copyright © 2017 Living Life with the Houston's

Todos los derechos reservados. Ninguna parte de este libro puede ser reproducido o transmitido en ninguna forma y por ningún medio, electrónico o mecánico, incluyendo fotocopiado y grabado en ningún tipo de almacenamiento, exceptuando los usos permitidos expresados por el Acta de Copyright de 1976 o permitidos por escrito por el editor. Permisos escritos deben ser enviados a:

Living Life with the Houston's
14019 SW Freeway
Suite 301-197
Sugar Land, TX 77478

Visita www.livinglifewiththehoustons.com

Impreso en Estados Unidos de América

ISBN 978-1-947574-34-2

Mis figuras paternas, los hombres que le han dado forma a mi vida: William J. Cunningham, Donald Marks, Ronald Graham, Emanuel Frazier, y Walter August, Jr.

Las crónicas de Christian Grace

Christian Grace

Christian Grace

¡Había sido un día muy divertido! Christian, sus hermanos, mamá y papá habían leído libros y jugado a todo tipo de juegos juntos. Habían hablado y reído mucho, pero ahora era hora de ir a la cama y Christian y mamá estaban empacando todos los juguetes y libros.

—¡Mamá!—gritó Joshua bastante fuerte desde su dormitorio.

Mamá se levantó y se volvió hacia Christian—Christian,—dijo mamá—Tengo que ir y controlar a los chicos. Termina de poner sus juguetes en la canasta y llévalos a tú habitación y espérame allí.

Christian rápidamente recogió su libro sobre elefantes y su yo-yo y los dejó caer en su canasta de juguetes—Mamá—Christian preguntó—¿puedo tomar un poco más de leche con chocolate antes de ir a dormir?

Christian ya había tomado un gran vaso de leche con chocolate, así que mamá pensó que no era una buena idea—No, cariño—Mamá respondió—Es demasiado cerca de la hora de acostarse. Recoge tus juguetes. Estaré allí tan pronto como pueda, ¿está bien?

Christian suspiró profundamente y dijo—Sí, mamá.

Christian sabía que no se le permitía tener más chocolate con leche, pero tenía muchas muchas ganas, así que lentamente se dirigió de puntillas a la cocina y se aseguró de que nadie pudiera verla. Christian era demasiado pequeña para alcanzar el mango del refrigerador, así que arrastró su taburete especial hasta el refrigerador, se subió a él, abrió la puerta y tomó la leche con chocolate.

SPLASH! CRASH! Christian accidentalmente tiró toda el cartón de chocolate con leche. Había leche chocolatada sobre el piso de la cocina, y lo que es peor, sobre ella y su pijama

—¡Oh, no!—ella gimió.

Christian sacó una toalla de cocina del mostrador de la cocina y aterrizó justo encima de la leche con chocolate derramada con una gran SLAP. Christian intentó limpiar la leche con chocolate pero no sirvió de nada.

Mamá había escuchado todos los golpes y ruidos y antes de que Christian se diera cuenta, ella estaba mirando el ceño fruncido de mamá. ¡Christian saltó como un pequeño canguro!—¡Hola, mamá!—Christian dijo con una gran sonrisa.

—Hola Christian—dijo mamá lentamente con una mirada muy seria en su rostro—Christian ¿Qué estás haciendo?—Ella preguntó.

—Nada—replicó Christian, tratando de ocultar el repasador de cocina cubierto de chocolate a sus espaldas.
Mamá se agachó y puso su mano sobre el hombro de Christian —Christian,—ella dijo—hay leche con chocolate en todas partes. ¿Estabas tratando de tomar un poco de leche con chocolate antes de ir a la cama?

Christian bajó la mirada al suelo. Se sentía muy mal por lo que había hecho—Sí, mami. Lo siento—Christian murmuró, con una mirada muy triste en su pequeña y sucia cara—¿Estás enojada conmigo?

—Oh, Christian—Mamá suspiró. Cogió el repasador y comenzó a limpiar la leche con chocolate de las manos de Christian—No, no estoy enojada contigo. Vamos, vamos a tomar otro baño.

Christian se sintió terriblemente mal—Mamá,—le preguntó—no le digas a papá, ¿de acuerdo? Papá se enojará conmigo.

Mamá sonrió, sostuvo las mejillas color chocolate de Christian en sus manos y dijo—Oh cariño, no tienes que guardar secretos de mamá o papá.

Mamá y Christian subieron al baño y mamá llenó de nuevo la bañera.

Papá había estado todo el tiempo en el piso de arriba y cuando pasó junto al baño preguntó qué estaban haciendo. Mamá miró a Christian y no dijo una palabra. Christian sabía que tenía que decirle a Papá lo que había sucedido pero tenía miedo de estar en problemas, entonces ella respondió—Voy a tomar un baño.

—Hmm—dijo Papá mientras se frotaba la barbilla—¿Pero no te habías bañado ya?¿Por qué estás tomando otro baño?

—Umm—Christian miró a mamá, luego a papá y luego al piso.

—Christian—Papá dijo con paciencia. Christian podía decir que papá sabía que ella no estaba diciendo la verdad.

—Porque quiero tomar otro baño—dijo en voz baja. Sus ojos comenzaban a picar. y sintió que iba a llorar. Christian no quería decepcionar a papá.

Mamá le dio un suave codazo a Christian y le dio una pequeña sonrisa—Christian—dijo—dile a Papá qué sucedió.

Papá se arrodilló junto a Christian y le dio un abrazo que la hizo sentir mejor.—Christian—dijo papá en voz baja—sabes que puedes decirme cualquier cosa, ¿verdad? Siempre puedes decirle a papá la verdad. Te amo no importa lo que hagas. Ahora dime qué pasó.

Christian se sintió mejor después de escuchar todas las cosas amables que papá dijo, así que le dijo la verdad—Tuve un accidente, papá—ella dijo—traté de obtener un poco de leche después de que mamá dijo que no e hice un desastre.

Papá sonrió y dijo—Christian, mírame. Todos cometen errores. Incluso cuando cometes un error, es importante que siempre le digas a mamá y a papá la verdad, para que podamos ayudarte. Te amamos, Christian.

Christian estaba feliz de que papá dijera que la amaba y lo miró directo a los ojos y dijo—Lo siento, papá. ¿Estás enojado conmigo?

Papá sacudió la cabeza y dijo—Christian, no estoy enojado contigo. Papá también se metió en muchos problemas cuando tenía tu edad.

Christian no podía creer lo que oía. Su padre era grande, fuerte e inteligente. ¡Sin duda él nunca podría cometer ningún error o meterse en problemas!—¿¡Lo hiciste!?—Christian preguntó, asombrada.

Papá se rió entre dientes—¡Oh, claro que sí!—él respondió—Y a veces traté de ocultarlos también, ¡pero tu abuela y tu abuelo siempre se enteraron!

Christian no podía imaginarse a papá haciendo ningún lío, pero sabía que su papá nunca mentía porque era un adulto—¿Lo hicieron?—preguntó. Ahora estaba muy interesada—¿Te metiste en problemas?

—A veces—Papá respondió—Y a veces me dieron gracia.

¡Christian conocía la palabra gracia porque era parte de su nombre! Ella preguntó emocionada—¿Cómo mi nombre?

Papá sonrió y dijo—Sí, Grace, ¡como Christian Grace! Pero en este caso, me refiero que la abuela no siempre me castigaba cuando me metía en problemas. Eso es lo que significa la gracia.

Mamá abrazó a Christian y le recordó que a veces todos se equivocan—Y Dios también perdona cuando cometemos errores—ella dijo—¡Él nos da Gracia! ¡Pero de todas formas tienes que limpiar ese desastre!—Mamá soltó una risita y empujó a Christian juguetonamente.

De repente, Christian se sintió mucho, mucho mejor y abrazó a mamá con fuerza—¡De acuerdo!—ella aceptó y se volvió mirar a papá—Papá, ¿me ayudarías?—preguntó Christian, sonriendo con su sonrisa más linda.

Papá se rió y dijo—¡Lo haré, Christian Grace!

Fin

"Si confesamos nuestros pecados, él es fiel y justo para perdonar nuestros pecados, y limpiarnos de toda maldad."

I Juan 1:9

Los Houston residen en Houston, Texas y se embarcaron en una misión para educar, inspirar y servir a su comunidad.

Por favor visite www.livinglifewiththehoustons.com para unirse a nuestra comunidad. Déjenos saber que su opinión, dudas y oportunidades de colaboración en contact@livinglifewiththehoustons.com

¡Únase a nuestro newsletter hoy para recibir una sorpresa gratis de David y Joshua!

Siga disfrutando de historias divertidas con otros libros de la colección "Las aventuras de David y Joshua" y "Las crónicas de Christian Grace".

Para pedidos al por mayor o firma de originales por favor visite nuestra web.

www.ingramcontent.com/pod-product-compliance
Lightning Source LLC
LaVergne TN
LVHW072128070426
835512LV00002B/42